JN438395

들국화 향기속에

나 이 현 (본명:이현숙)

강원도 통천에서 출생
문예사조 등단
한국문입협회 회원
창작산맥 회원
대전문인협회 회원
대전문인총연합회 회원
대전시인협회 회원
문학사랑 회원
대전여성문학회 회원
뜨락문학회 회원

시집 『들국화 향기 속에』(2013)

E-mail : hylee5055@hanmail.net
HP: 010-2288-5055

들국화 향기속에

나이현 시집

오늘의문학사

| 책머리에 |

늦가을로 내려앉는
고개 숙인 그림자
회심의 미소 탓할 사이도 없이
퇴색한 벽지의 눈물로 흘러
설운 가락에 옷깃을 여미는

그래도 하나쯤
남기고 싶은 욕망이
가련히 스며든 불빛 한 줄기로
끝없는 물음표를 쫓아
갈대꽃 솜털 끝에 매달려 허공을 탄다.

빗방울 창문 두드려
주름진 눈가에 심어지던 날
잃어버린 한 조각을 찾기 위해
흙냄새 바람 빛에 길을 열어가는
들국화 향기 속에

이슬비 자락으로 묻어나는 무지개처럼
소박한 행복을 누릴 수 있음에 감사하며
다정한 물줄기 끝나는 곳에
하얀 눈망울 속 고운 꿈
그리움으로 가득하기를……

다 주어도 아깝지 않은 세월이었다.

2013년 1월
저자 나 이 현

| 차례 |

들국화 향기 속에

제1부_마지막 갈피

| 차례 |

제2부_풍경 소리

| 차례 |

제3부_은빛 여운

| 차례 |

제4부_하얀 아우성

제1부

마지막 갈피

풍랑 속에서

더 이상 참을 수 없어
먹구름 되어 일렁이며
송두리째 뒤집어 놓고

한 순간의 아픔을 잊겠다고
하얀 거품 토해내는
함성

그 앞에
바다가 허락한 시간 속으로
사라지는 나를 보았다.

마지막 갈피

나의 꽃밭에도 겨울이 왔다
칙칙하고 초라하게
늙어버린 그림자
허전한 안개 빛 아픔을 토해내는
어둠만 길게 누워 졸고 있다.

지낼수록
안타까움만 남는 것
덧칠 않고 번지지도 않게 얼어붙어도
포근히 덮어주고
방울방울 아픔이 새겨졌던 사연 위에
하얀 눈부심만은 남겨주었으면
너무 아파 말라고
다 그런 거라고 속삭인다.

덮개처럼 밀려오는 하늘 아래
우수의 끝자락에서
변해가는 모든 것을 받아들이며
얼마만큼 슬퍼해야 할지 몰라
마음 속 마지막 갈피엔
물음표만 찍어 놓는다.

노파

맑은 옹달샘
은구슬을 띄우고
허전한 마음에
한 방울

끝자락 아쉬움에
한 방울

비어지는 가슴에
작아지는 여백
벽을 보고 돌아앉은
노파

모질게 걸어와
체념이 더 익숙해진
하고 싶은 말들
마음에서 지워버렸다.

은구슬 빛
아픔.

거미

처마 밑
찢기어진 거미 사슬 끝에
빈 껍질만 남은
애달픔
바람에 나부낀다.

목숨 다 해
지켜낸 흔적들
애절함보다
호수 같은 푸근함으로
때론
성난 파도 같은
울림도 필요했다.

다 주어도 아깝지 않은
한없이 주고픈 마음

이젠
멀리 두고
지켜만 보는
하고 싶은 말도

보고 싶은 마음도
다 접어둔 마른 풀잎이다.

싸리문 사이로
스미는 빛 그림자
텅 빈 텃밭을 지키는
산딸기 같은
앙상하게 굳어진 손등이다.

무지갯빛 그리움

고운 색 꿈을 펼쳐
가슴 속에 그려내던
너

천둥 울림 속에 먹구름이 되어
쏟아낸 눈물은
무지갯빛으로
배어나와
얼룩처럼
겹겹이 쌓여 흐르고

저미는 아픔 쓸어안으면
씻어내고 흩어진 삶의 무게가
퇴색해가는 갈잎 속을 헤맨다.

곱게 접어 마음 띄우면
나는 물이 되고
물은 내가 되는

꽃잎이었던 인연은
스친 바람에

새소리로 되살아
잊었던 목소리로 되돌아온다.

죽도록 너만을
지금도 그려가고
영원히 변치 않았다고
울려오는 소리

가을 끝자락에 묻어둔 슬픔
외롭지 않게
하나쯤 남았으면

석양

지평선 너머
정겹던 햇살
새빨간 노을이 남긴 아픔은
고달픈 나그네 길이다.

험한 능선 한 모퉁이
삶의 지향 속에서 얻은
작은 오솔길 하나
빛을 향한 등불이었다.

그러나 세월은 번민과 연민의 갈등 속에
소박한 염원을 쉽게 저버린
앙금 같은 여운만 남겼다.

깊어진 가을의 문턱
남겨둔 씁쓸한 발자국
숙연한 마음이 되어
이젠 잔잔한 들꽃이고 싶다.

석양에 드리운 나뭇가지에 날아든 철새
인생만큼이나 덧없는 길에 날아오른다.

흔들리는 마음

숨 막히는 공간에선
모두가 정지되어
등 돌려 외면하고

텅 빈 소외감에 젖어
버거운 무게라도 잠재울까
길 떠나는 나그네가 된다.

들판은 황금물결 잘 지은 농사인데
알곡은 어디에 두고 낙엽 져 흔들리나?

네 탓으로 돌리는 마음이 가득해 지면
이정표도 없는 길 위를 서성이며
빗장 잠그는 소리를 듣는다.

눈총 받는 시금치 밭도
머지않아 누런 떡잎 지려나?

흔들리는 마음에선
세상 의미마저 뿌리까지 중심을 잃는다.

가을비 속에서

끝자락에서
또 누구를 기다리나?
돌아서서 훔쳐내는 아픔 한주먹
떨어지지 않는 걸음
오늘을 간다.

헤어짐은 만남의 희망을 두고
지워질 빈자리를 빛으로 채우며
모자라고 아쉬운 듯
아파할 만큼 후회할
슬픔만 끌어안는다.

약한 모습 보이기 싫어
모른 척 딴청부리며
가슴으로 우는 강
너를 보듬어
매미의 통곡 소리에 실어둔 채
조용한 가을 비 옷자락에 스민다.

살아온 길

거미줄처럼 얽힌 길에
선 하나 찾아
혹독하고 고단한 거친 숨 누르며
살아 온 날들

희망을 크게 그리며 태어났는데
꿈은 어디서도 찾을 수 없고
꽃 피고 열매 맺어 시든 잎만 남았다.

높지도 낮지도 않은 수평선에서
뜨겁던 열병과 고요와 평온까지
타인을 통해 소통하려 노력했던 길

비에 젖고 바람에 흔들려
햇살 받으며 바로 서지 못하고
땅거미 내린 길목에 와서
반쯤 가리고 싶은 마음이다.

눈 감으면 아련한 그림자 하나 뿐
지워지지 않는 길인 것을
그 무엇에 새겨 둘 수 있을까?

국화

화려한 파티는 막을 내렸다.
안개 속을 헤매다 놓쳐버린 계절
허무한 공간에 혼자 남아
가을비 속에 한소쿠리 실려 온 웃음이다.

봄 향기와 여름의 싱그러움을 좋아했던 당신
그저 문밖에서
비친 그림자만 안고
창밖의 흔들림으로 견디며
달빛에 젖은 찬 이슬에 잠긴다.

뒤돌아 다시 못 가는 길
바람의 눈물을 닦아주며
뜨락을 혼자 거니는
서글픈 계절의 혼이 되어
노랗게 노랗게 시려온 둥줄기

꿈도 꾸지 못한 채
다 주고 더 줄 것도 없는
빈손인 양
다소곳이 쓴 웃음으로 녹아내린다.

질경이

길섶에 뿌리내려
밟히고 밟혀도
끈질김 하나로 살아온 너

하얀 꿈 허공에 매달고
발밑 서늘함은 미소로 녹이며
설움을 열정삼아 살아 온
초라하고 연약한 고뇌의 시간

삶의 흐름은
한 자리에 머물지 않아
숨 쉬는 오늘이 아픔뿐이어도
미워하지 않으리

숨을 가다듬고 질긴 운명 그대로
억 겹 매듭을
다소곳이 받아들이며

언제나 그 자리에 상처만 남아도
햇살을 심고 있는
너는 질경이

아픔

먹구름 우는 밤
괜히
물줄기에 젖어
소리 없는 눈빛으로
떨어지고
외나무다리 물새 한 마리
그늘에 젖는다.

어디쯤에 멈춰 서야
온 길 후회 없고
몇 바퀴를 더 굽이쳐야
편안한 숨을 쉴 수 있을까.

잡을수록
어둠만 짙어지고
더해지는 미움은
옷고름처럼 흘러
베갯잇 젖는 밤

생각은 문턱을 넘는
긴 발자국 소리

바람에 젖어내려
길 위에 몸을 뉘인 채
메마른 아픔의
부딪히는 소리를 듣는다.

여울

자갈밭을 가로질러
유유히 흐르는 여울
그리도 많은 것을 품고
눈부신 햇살 아래
환한 은빛 웃음으로 조잘댄다.

흐르는 변화 속에
제 자리만 고집하는 생각의 바닥은
적응하지 못하는 서러운 눈망울
억제 할 수 없는 작은 소리를 만든다.

감싸안지 못한
부족했던 가슴 가득 스며든
강한 듯 여린 잔잔함
기다림의 갈등 사이로 비집고 들어
오래 남아 숨 쉬는 여운

느낌으로 다가와 마음으로 보여
죽음보다 더 강한 무게만큼
숙명으로 흘려내는 고독한 눈물

침묵의 그림자로 남아
오직 당신을 위한 마음으로
흘러도 멈추지 않는 마지막 자리에
소근거리는 작은 여울이고 싶다.

꽃비를 맞으며

꽃비를 맞으며
흘리는 눈물은
눈물이 아니다.

씨앗을 찾지 못해 애타는 마음과
표현 못하는 무능함과
죄책감이다.

진정 아름다움 앞에선
할 말을 잃는 것인가.

꽃잎 하나
메마른 입술 위로 내려앉는다.
아무 말도 하지 말라고
바라만 보며 울기만 하라고

어제로 가버린 체온
작은 발자국 따라
할 말을 잊은 채
허공을 날며 울기만 했다.

울어버린 계절

회색빛 저녁 안개 내리면
두께만큼 아픔이 파고든다
희열하는 눈물로 타오르던 정열
고이 감추어 두었던
마음의 소리다.

달빛 드리운 강물은 맑은 소리로 흐르지만
채워지지 않은 공간의 무게는
다가서는 허전함을 가누지 못하고
허공을 벗 삼는
물새 한 마리
벼랑 끝에서 외로움을 이겨내고 있다.

엉키었던 마음을 고운 체에 걸러
곱게 물들이지만
끝자락이 떨려
쏟아지는 눈물을 참지 못하고
울어버리는 계절이다
가을은

한 잎 낙엽 뽀얀 깃털 되어

갈 길을 잃은 몸부림이
한숨에 실려
겨울을 재촉한다.

한 잎 낙엽은
재가 되어
가슴 깊이 뽀얀 깃털로 내려앉는다.

웃고 울던 아쉬운 시간들은
한데 어우러져
아픔으로 쏟아져 내리고
원망과 미움 두려움과 부정
이 모두가
돌아올 수 없는 긴 여정에
진실을 숨긴 채 가벼운 숨을 쉰다.

통곡인가
소리는 퍼져나가
돌아오지 않는 메아리만 남기고
잎새 하나 또 바람에 흔들리며
떨어져 내린다.

노을을 바라보며

— 제주 해비치 호텔에서

다이아몬드가 뚝뚝 떨어지는 소파에 앉아
마지막 빛으로
곱게 사위어 가는 노을을
셈해보는 순간

풀 수 없는 숙제를 한 아름 안고
몇 고비를 넘어온 긴 여정이
헛되지 않음을 느끼며
고맙다는 말은
기쁨 바구니에 간직한 채
하지 않으리

세상에 왔다 가는
가장 큰 보람이며 흔적이니까

다만
갈대밭 주황물결에
지워지지 않는
한 페이지를 새겨두고 가련다.
소중한 보석을 얻어
행복 했다고

여름 끝자락

풍성한 나뭇잎으로 드려진 시원한 그늘로
잠시 스며드는 마음에
작은 잎새 하나
무거운 어깨 위로
가볍게 스쳐 내린다.

한여름 내
무얼 위해 살아 왔던가
날아든 철새의 둥지도 지켜주지 못했고
애처로운 매미의 사연도
달래주며 감싸안지도 않았다

잎새에 스친 바람에
손 내밀어 화해할
넉넉한 마음도 잊어
너희를 지켜주는 그늘도 되지 못했고
다람쥐 놀이터도 내주지 않았다.

베풀며 산다는 것
그 소중함을 이제야 알았으니
한여름 짙어진 푸르른 사랑을

여름의 끝자락에
잠시 마음 가다듬는다.

바람은 바뀌어
벌레 소리 익어 가는데
다시 쏟아지는
속 깊은 기억의 그림자
여름을 적시며
강줄기 사유 속을 헤매는 것은

자연과 삶이 공전하는
허무한 듯 가벼린
갈무리 마음이다.

이제는

황홀한 노을빛이
여유로운 미소를 내려주며
살포시 호수에 젖어듭니다.

물그림자는
긴 여운만 남기고
지금은 잔잔해진 호수
그렇게 출렁이던 마음은
이룰 수 없는
아니, 이뤄야 할 사랑이었기 때문입니다.

몸부림으로
긴긴 시간을 헤매며
저며오는 눅눅한 슬픔들이
어둠에 취한 새벽처럼
안개를 흔들면
삭여낼 수 없는 미련이
가슴을 시리게 조여옵니다.

괴롭던 마음
모두 미움이 되어

알알이 부서진 흔적들
물빛으로 달래며
하얗게 날리는 별밭에 깔아
꺼지지 않는 등불로 채워지는 밤

이제 세상을 다 가진 기쁨을
노을 끝자락에 매달고
긴 그림자를 아름답게 드리우기 위해
보내지 않으렵니다
당신을

아픔만큼 커진 그림자를
지워 낼 자신이 없기 때문입니다

제비꽃 반지

쓰러져도 웃고 있는
꽃길 속
말간 유혹에 눈 맞추며
조용히 꺾어 만든
추억 물 뚝뚝 떨어지는
안개 빛 꽃반지

손에 끼워주고
돌아서는 등이 뜨거워
가만히 다가 간 호수에
어느새
둥근달이 젖고 있다

아무렇지도 않은 듯
눈 떨구었지만
먼 언저리에 묻어 둔
간절함 뿐이라고
변명이라도 했더라면
좋았을 것을

노을 서성인 자리에
고요히 숨죽이고 서 있는
못다 한 말, 말들

꽃수레에 실어진
그 옛날의 꿈 뜰일 뿐
그림자 빛깔은 알지 못한다.

바람 손

— 홍성에 있는 "들꽃이야기"에서

노란 화관을 쓴
꽃길을 지나
하늘과 맞닿은
산 밑 끝자락

수많은 들꽃이
이름 모를 자리에서
햇살 반짝이는
유혹을 업고
산 빛 푸른 이슬로
노래하고 있다

그 옛날
긴 담뱃대 기침소리
허공을 맴돌고
외양간 텅 빈 눈이
주옥같은 사연을
새김질 하며
시들은 들꽃 되어
내려앉는다.

작은 벽 모퉁이
세월을 뒤집어쓴 풍금소리
뽀얀 물 빛 속
수척해진 교실을 지나
삐걱이는 나무 의자 사이로
갈증처럼 바삭이는
애절한 사연이
영혼 한 자리를 적시는

슬퍼서 아름다운
아련한 추억이
바람에 소매 자락 맴돌아
반추하는 가지 끝
구름이 슬프다

제2부

풍경 소리

풍경 소리

아득한 산세
헤매 온 바람이
물빛에 옷깃을 재촉하다
땡그랑
길을 잃고 산허리에 걸린다.

눈빛을 청명한 가슴에 매달고
풀물로 매듭짓는
별빛 같은 이슬이 되어 녹아내리고

가슴이 아리도록 애절한 소리가
산그늘에 가득 내려앉으면
바람은 스쳐 갈 뿐인데
새벽을 깨우던
허기진 두부장수의 까만 종소리
연분홍빛으로
귓전에 하얗게 부서진다.

삶은 마음 속에 있는 것
따뜻한 가슴을 울리는
풍경 소리다.

봉숭아

가슴이 부풀어
보라빛 산 내음 안고
돌담 옆에
여무는 어깨 위로
바람이 스친다.

오랜 세월
숨겨둔 기다림에
지쳐 토라진 입술 위로
붉은 눈물 젖어 내리고
혼은 부서져
손끝에 맺힐 아픔
가슴알이 별이 되어
시간만 세고 있다.

삶은 고통의 의미를 찾아가는 것
내일은 말하지 말자.

진한 빛깔 속에 그리움이 있어
허공의 빈 잔에
물들기를 거부하는 소리 가득하고

돌아누울 자리조차 없는
고독이 녹아내리면
기다림의 끝이 삶이라 해도
후회하지 않으리

봉숭아 꽃잎에
그리운 이가 곱게 물들어 온다.

산

침묵의 소리에
귀 기울이면
어느새 네가 되는 푸근함
그 넉넉함이 그리워 너를 찾았노라

바람은 햇살에 실려
붉은 아픔을 만들지만
애절한 바위를 감싸 안고
다시 조용해지고

주름 깊은 골짜기엔
비탈을 넘은 달빛마저
그리도 아프게 내려앉더니

촛점 잃은 눈빛이
한 곳에 머물 때
아득하게 먼 거리에서
또 다시 다가와 나를 감싼다.

엄동설한 문고리 끈적임으로 시려와
하얀 손으로 쏟아내는 폭포수

눈물인양 서러워
벼랑 끝에 선
한 그루 나무가 된다.

친근하고 익숙해져
오히려 느껴온 새로움

지나침이 없어 흔들리지 않고
겸허를 잃지 않아
쉽게 속 드러내지 않는
무언의 진실

회색빛 안개가 되어
침묵함을 배웠노라.

철길

산 밑 끝자락
가로지른 한가로운 철길
유년의 기억이 묻어나는 들녘
잊혀졌던 기적소리 따라
오래된 인연이 숨을 쉰다.

정겹고 소박했던
긴 세월이 삭아내려
끈끈하게 젖어오는
고된 삶의 무게인데
바라보면 허망한 마음만 흐른다.

살아온 여백만 넘쳐흐르는
마음 저편 한 자락
상처의 틈새를 통해 얻어진
잃어버린 시간 속에서
다시는 만날 수 없는 사연으로 줄을 선다.

추운 겨울날
따뜻한 아랫목을 남겨두고
기다려주는 사람 하나 있었으면

미련을 비워 가벼울 텐데

살아갈수록
보석처럼 느껴지던 설레임이
가슴 깊이 파고들며
기적소리만
철길을 따라 간다

그려본 고향

잔잔한 물결 위에
추억이 묻어나는 흔적들이
파고드는 그리움을 아련한 메아리로 불러온다.

유리알처럼 투명한 은빛 여울
해맑은 자갈 밑 물고기 떼 잠을 깨우고
산 밑 끝자락에 기대어
힘겹게 세월을 돌리던 물레방아
늘 하얀 거품을 토했다
내가 거기 있을 때마다

붉게 물든 자운영 꽃밭
하얀 도화지에 묻어나와
아직도 짙은 향기로 스며들고
비단처럼 물결치던 파란 보리밭
그냥 그 자리에 남아 있는 듯

풀잎 향기 그윽했던 오솔길
붉은 진달래꽃
딸기 찾아 헤매는 마음
머리에 가득 못 밥 이고 가던

아낙의 평화로운 모습
이렇게 모두가 달려오는데

누런 벼이삭 헤쳐도
달아난 메뚜기 떼는 찾을 수 없고
눈 덮인 하얀 들판
먹이 찾아 헤매 온 노루 한 마리
애처롭기만 하던 그 시절이 그려지는데
무엇을 더 얻기 위한 몸부림인가
지금 나는
물에 잠긴 뽀얀 잿빛 추억만
여울 빛에 외롭다.

머무는 추억

— 낙원읍성에서

초가지붕 위
달빛으로 내려앉는
나뭇잎
쉼 없이 흐르는 햇살에
바람을 붙잡아 맴돌고

낮은 골목길 사이
엿장수 가위 소리
감나무 가지에 걸려
가을을 주황빛으로 물들여간다.

온돌 아궁이
훈훈한 연기 피어올라
노을빛에 걸리면
까치도 날개를 접고

한 뼘 남은 빛줄기로
추억을 갈무리 하는
안개 속 고목 감춰진 날갯짓
돌 성을 돌아
가버릴 내일로

또 한 숨을 내려놓는다.

진실한 마음은
행동에 있는 것을

보이지 않아서 볼 수 있는
내 어미의
한숨과 땀이 배어나
쓴 눈물로 옷깃을 여미면
금빛 여운이 물결치며
바람 소리가 되어
고향집 싸리문 종소리로 웃는다.

꼬까신 예쁜 마음

— 의림지에서

산 그림자 길게 깔아
발걸음을 재촉하는 다리 위

날아든 호랑나비의 어설픈 날갯짓에
벗겨진 꼬까신 한 짝
환한 미소가 가득 담긴다.

바람 불어와
은빛 수면 깊숙이 파고들면
물새 소리 여울져 흐르는 계곡 어디쯤
꺼먹 고무신 속에서
방개와 가재가 기어 나오고
물무늬 퍼지듯
달빛 같은 정이
소리 없이 그림자로 멈춰 서 웃고 있다.

수많은 세월을 품은 호수
세월만큼 뿌리 깊은 노송
그 노송의 가슴만큼 깊은 숨소리

솔잎 사이로 흐르는
흰구름 속에
꼬까신 예쁜 마음이
숨소리 흐르는
고운 물살무늬로 새겨진다.

청보리밭 사이 길을 걸으며

청록 물결은 아름다운 파문으로
하늘을 넘어 바다를 향한다.

푸른 바람 사이 길을 걸으며
흘러오는 보리피리 소리
새털 같은 까락에 실려
하얗게 파도쳐 흐르고
꽃무리로 내리는 호수

부끄럼 없이 하늘 향해
허리 펴고 깃 세워도
고슴도치처럼 날 세운 집착은
알알이 익어질 그리움
석양빛에 붉은 물결로 녹아내린다.

푸른 희망 속에
여울져 흐르는 한줄기 빛처럼
행복을 누리는 하루
내 안에 없는 너를 보며
연두 빛 새로움을 배운다.

명성황후 생가에서

산줄기 따라 내려온 한줄기 바람
나뭇가지 흔들며 고즈넉한 뜨락에 스며
오랜 세월의 아픈 흔적을
아직도 묻어나게 한다.

앵두나무 가지에 맺힌
보이지 않는 뽀얀 얼굴
안개 속 샘물에 안타까움 되고
장독대에 묻은 정겹던 손길은
닫힌 문고리에 매달려
긴 한숨으로 살아난다.

마음 한 자락
싱그러운 파초가 되어
빗방울 은은한 울림으로 다가선
당신의 숭고한 뜻이
뙤약볕 매미 울음소리에 실려
여미는 가슴에 젖어들고 있다.

그해 겨울

하얀 눈은 전설 속 뿌리가 되어

어제, 또 내일
시린 바다 저편에
낙숫물 소리를 따라가 잠겨
하얗게 부서지는 그리움
해맑은 빛으로 가슴 가득 타오른다.

반짝이는 백옥의 미소로
수정같이 맑게 번져와
품어내는 영롱한 한줄기 빛은
해 묵은 생각을 벗어나
존재했던 빈 자리를
바람의 길을 따라 가득 채우는 마음이다.

어설픈 날갯짓으로 하염없이 눈은 내리고
늙은 호박 하나로 온 식구의 허기를 채워도
사랑방 화로 가에 앉아
긴 담뱃대 연기로 퍼져 오른 옛이야기
혼자가 아니어서
그해 겨울은 포근하고 따뜻했다.

삶의 뒤안길

— 민속촌에서

꿈 속에서 되살아나오듯
혼을 깨우는 그림들

그을린 아궁이와 가마솥에서
뽀얀 김으로 그리움을 끓여 내고
살강 위 주발은 이마를 맞대고
하얀 잇속 드러내며 옛이야기를 엮어낸다.

닳디 닳은 짚신 한 짝에 묻어나는 워낭소리
땀에 젖은 삼베적삼에 스며들며
다듬이 소리 퍼져가다 초승달에 걸린다.

삶의 뒤안길
소박한 행복이 주저앉은 자리에서
숱한 강을 넘어 살아온
아껴 두었던 이야기
소중한 시간을 꺼내어
멈추어 서게 한다.

안개서린 우물 속 추억들도
함께 나와 아련하게 흐른다.

몽마르뜨 언덕에서

고요함이 숨소리처럼 묻어나는 사원은
천사의 모습으로 흘러내려
파란 하늘이 둥글게 감싸 안았다.

정교하고 세련된 세 쌍의 흰 돔 위로
날아든 비둘기 한 쌍
평화를 지어내는 은은한 날갯짓에서
은빛이 소리로 나온다.

파리가 한 눈에 들어오고
광장 한 모퉁이에 펼쳐지는 거리 공연

아련한 멜로디 흘러
슬픈 듯한
행복이 번져 나와
소슬한 바람에 실려 오면
가슴 가득 그리움이 차오른다.

담배 연기 속엔 고달픔이 밴 듯
텁수룩한 모습 속에
묻어나는 욕망과 열정은

애잔함으로 낮게 깔리며 다가와
한 자락 아픔이 되어 가슴을 스친다.

화려한 예술의 뒤안길
가난한 예술가의 쓸쓸한 고뇌의 삶이
끈끈하게 숨 쉬는 곳
웃고 있어도
가슴엔 눈물이 맺힌다.

봄이 오기 전

굽어진 길 위에
식지 않은 발자국소리
디딜방아 멈춘 곳에
떡시루만 긴 한숨 쉬고 있다

그립다고 말하고 싶을 때
돌이킬 수 없는
한 부분을 지키기 위해
헝클어진 머리를 쓸어올린다

소중함은
소유가 아니라 존재하는 아름다운 선을
안개비 너울 뒤로 만들어 가는 것

부푼 햇살에
아롱진 향기 가득 담아 와도
줄 수 없는
상실 속 진실을 붙잡고
야윈 골목 적시는 휘파람 소리로
빛을 퉁기는 만남 되어
돌아서는 발등이 무겁다.

빛깔

— 제주 섭지코지에서

쉿내가 날 것 같은
바람이 파고들면
햇살 한 움큼 반짝이며
일상의 시림이
먼지보다 작게
일렁이는 가슴 속에 심어진다.

억새 사이로
주황물이 곱게 내리고
색을 잃어가는 정결한 모습
밝을수록 짙은 그림자를 남기는가

구름 속을 스며드는 빛처럼
속절없는 마음만 불러들이고
거친 손 흔들며
다시 올 것을 약속하지만
지킬 것 같지 않아
잔잔한 기억 속에
소망을 새겨 둔다.

배려

허기진 눈썹달이
창문을 여는 밤

허울뿐인 미소가 머문 자리에
밀려 온 허전함이
구름옷을 입힌다.

배려는
한곳에 있어야 하거늘

오늘도
초월을 꿈꾸는 목마름

잊으며 또 다시 채워가는 길목에서
지킬 수 없는 약속만 하고

멈춰서는 곳마다
마련하고픈
비워둔 자리

달빛 그림자

외로운 달빛 따라 나선 그림자
한줄기 모습으로 다가와
가만히 손 잡아준다.

애달픈 낙엽
풀벌레 노래되어
전율로 스며오던 밤

포근히 어깨 감싸주던
따뜻한 체온이
아직도 남아있는 듯

애처롭게 바라만 보았던 마음은
수많은 세월을 삭여
갈색 추억으로 되어버리고

창호지 문살에 스며든
달빛 그림자는
모닥불처럼 아련한
그리움이다.

심신자재(心身自在)를 꿈꾸며

— 용담댐에서

여린 감정이 뿔뿔이 흩어져
세월을 엮는 달빛만이 흐르는 길
흔들지 못한 건 참이었을까

물방울 맴도는
지울 수 없는 자국들
약한 마음에 기둥을 세워
정지된 시간 속
눈물은 추억이었다.

이별만큼
노래하듯 아픔을 세는
계곡 물 소리
파편 조각에 숨어
밤새 하얀 물꽃으로
산허리를 흔들어
호수에 가득 잠긴다

시간 속으로
추억은 걸어가고
물에 잠긴 고향집

주춧돌 파고든 그늘이
문고리 흔들어
흙돌담에 내려앉는 얼굴
큰 웃음을 보낸다.

포물선 마지막 지점에 서 있는
고된 세월을 지켜온
바람, 바람들

이제는
치렁거리는 코뚜레 풀어 던지고
심신자제를 벗 삼자

느리게 행복한
새벽 공기 밑으로
햇살 곱게 노닐던 자리
촉감으로 맴도는 향수
이끼 낀 세월
속내로 묶여 말이 없다.

늪에서

삐걱거리는 물살 사이로
문고리를 잡는다.

자유를 바람만큼이나 동경하며
깊고도 험한 늪에서
탈출하려 한다.

용기와 두려움의 틈새를 비집고
물방울보다 더 영롱하게
순결하고 청순한 꽃내음을 뿌리에 두고
줄기 하나 타고 나와 피어난 연꽃

메마른 가슴
그 속엔
깨달음의 길이 있다.

흔적

해질녘 물새 한 마리
안개 빛 서린 곳을 향해
찍고 찍히는 긴 군무

심술궂게 달려와
하얀 물빛 젖어버리는

차라리 허공을 날으라
창공에 물든 발치야
어찌 지우겠는가?

타버린 노을

언어의 통로를 막는
쌔한 바람
어두워진 인내의 수위는
어디쯤 두어야 하나

아궁이 불 지피던 매서운 손과
연탄불 고운 눈물
초침 속 눈빛으로 흘러
전기레인지 맑은 웃음 앞에
힘든 세월

늘 반쪽만 남은 손톱과
바람구멍 접어둔
몇 겹 무릎
부서진 뼈 조각은
과거를 부정하는 변화 속에
찬 이슬이 되고

추울수록 더 진해진
매화 웃음이
가슴을 파고들어

뜨겁게 키운 불꽃
잿빛에 묻혀
눈물 젖은 편지가 되는

믿음 그 끝에
가을 빛 뽀얀 꽃잎 접어
문풍지 곱게 바르던 빈손
옷깃을 저미며
잊혀져갈 은빛 설원으로 남는

동공은 어둠에 젖어
타버린 노을이 된다.

반성

— 양평 용문사 은행나무 밑에서

장엄한 풍채 그대로
존재하듯 감싸 안고
작은 바람에 옷깃을 적시는
보내고 머물러야 했던
숱한 상처

딱지처럼 꼭 다문 입술 위로
아찔한 영혼들이
어깨춤을 추고 있다

아기별 웃음소리
가득한 곳을 향해
천년세월 하루같이 살았던
욕심 없이 비워낸
고비는 얼마나 많았을까

목줄기 타고 오른 슬픔이
허공을 휘어감아
끝 마디마다
피멍으로 맺힌 세월

작은 괴로움에
오래 몸살을 앓았던 넋이
발밑에서
눈시울을 말린다

옹졸한 샘 속을 꾸짖고
이슬에 씻긴 미움
풀잎에 담아
눈망울로 번져오는 나약한 눈빛

은행잎 노랗게 울려 퍼지는
종소리가 그립다

달맞이꽃

어둠을 낚는 건
밤이 아니라
섧도록 애린 너의 온기다

별 밭 같은 호수에
드리운 넋을
가누지 못한 노란 물결
허기진 바람이었나

넘치도록 갈망하는
허공을 접어
천 년 학이 되는

메마른 꿈속에
돌고 도는 영혼이
높기만 하다.

제3부

은빛 여운

새가 되어

한줄기 바람 끝에
일렁이는 허수아비 춤사위
수수밭에 날아든 너
놀란 가슴 가늘게 떨고 있다.

남의 것 탐내는 이 어디 너뿐이더냐
탐욕에 눈 어두워
지은 죄 모르고 살아갈 뿐이지
가끔씩 누구나
떨리는 가슴이 되어보고 싶다
가슴 떠는 참새가 되어보고 싶다.

아름다운 떨림으로
내 것으로 갖기 위해 탐내며
가늘게 숨 몰아쉬는
하늘 속의 새가 되어보고 싶다.

난을 보며

선과 선
끊어진 듯 휘어진
인연 줄 위에
가냘프게 드리운 정
여린 꽃 함초롬히 피어나
감춘 듯 스치는 향
바람결에 애닯다.

자갈밭에 맨발로 서
눈부신 햇살을 그늘로 소유하는
숙연한 자태
그 외로움이 차라리 고와라.

가난해도 소박했던 뒤안길
먼 듯 가까이
흑백 공간 속 작은 진실들
화려하지도 우람하지도 않아
하늘 물결 젖어
시려온다.

좁은 길목 사라지듯
그리운 햇살의 아쉬움만큼
처마 밑 곱게 맺혀 떨어지는
빗물 한 방울로 스며
묵향에 묻어난
하루치 행복을
난 잎에 담아놓는다.

나로 서 있다

햇살이 쏟아지면
곱게 여울져 내리는
초록색 파문

멀어질수록
깊이를 알 수 없는
아득한 수평선을 넘는다.

밀려와 속삭이듯
하얀 마음 풀어 놓고
다진 숨결

고랑진 마디마다
조용한 미소 번지고
부서지는 물거품 속에
접힌 희망 구겨진 사연만 내려놓는다.

아프지 않은 삶
영원한 사랑이 어디 있으랴
많은 사연
골 지어 남는 것이 인생인 것을

연약함이 열정을 피어내듯
꽃 내음 은밀한 비밀을 알 때
성숙하며,
분별의 힘을 잃었을 때
불행해지리

통통배가 물살을 가르듯
하얀 포말이 가득한 삶의 바다
물속을 탐하는 알몸이 되어
후회 없는 나로 서있다.

갈대

고개 숙여 숨결을 고르고
이슬에 젖는 그림자를 여울물에 드리운다.

스미는 햇살을 포근하게 안아
작은 바람에도 눈빛이 맑은 깃털을 날려본다.

한 곳으로 향하는 마음이 되어보지만
모두는 타인일 수밖에 없어

추억도 멈추는 자리에 홀로 서서
겹 주름으로 밀려오는 파도처럼 떠난 사람을

끝내 아니 보낼 듯
머뭇거리게 터를 쓸고 닦는다.

너무 짧게 머물다 가는 아쉬움 때문에
소리를 낮추며 귀 기울여 봐도

바람 소리만 어지럽게
진실만 남아 숨 쉬는 곳에 머문다.

모진 바람 불어도 온몸으로 막아서서
물새 둥지를 지켜내는 갈대밭이고 싶다.

거울

나를 놓아버린
당신은 이제 싫습니다.

제발 시린 내 등을
따뜻하게 감싸 안아주세요.
나의 가슴에 담고 있습니다.

거짓 없는 당신의 미소
드러내 보이지 않아도
알 수 있습니다

언제부터인가
내 마음을 송두리째 안고 있는
당신 앞에 와 있습니다.

차 한 잔을 마시려다

메마른 입술을 적시려
마른 꽃잎 다기에 넣어
고요를 붓는 순간

창가에 쌓이는 눈처럼
감각을 울리는 서늘함

깊은 생각은
무심한 눈길 속에
난해한 몸짓으로 엇갈리며
차오르는 불꽃

잡을 수 없는 거리에서
떠오르는 생각

두 뿌리 한 몸 되어
바람의 노래로
머물게 하라

야심초 마음

당신은
생각의 슬픈 문을 열며 나온다.

진한 안개 낀 새벽처럼 눈물로 배어나와
달빛에 젖어 내리고
토란 잎 자락에 떨고 있는
불안한 빗방울이 되는 마음

소망은
얼어붙은 정적을 깨고
물안개처럼 그리움을 피어내도
연보랏빛 작약보다 더 슬퍼
밤을 그리는 야심초가 된다.

사랑은 고독하고 슬퍼야 더 아름다운가

나무에 기대어 피어오른
능소화 꽃이 부러운 시간
작은 개울가 숲길을 걸어
욕심 없이 숨 고르면 안겨오는 포근한 품
바람이 불어와 살며시 문을 닫는다.

바람이 되어

제 밥그릇 지키려
하얀 잇속 드러낸 누렁이

난 무엇을 잃었나?
인격이 소멸된 세상에
내 것 위해 짓밟는 상처만 가득

무엇이 되기보다
더 중요한 방법을 잊은 채
자존심마저 긴 수렁에 빠뜨린다.

나이 들어갈수록
재산과 명예보다
기품과 향기가 깃든 삶인 것을
자신을 지켜내는 삶을 심어주지 못한 부끄러움

한줄기 바람 되어
들판을 홀로 지키는 허수아비 벗으로
낮은 돌담 옆 바삭이는 낙엽 되어
순진무구를 꿈꿀 때
해맑은 세상을 볼 수 있었다.

들국화 향기 속에

선이 보이지 않는
하얀 향기
눈부시게 아려와
집을 짓는 하루

곱게 마무리 하는 자리 위
입술이 굳어버린
가을 빛 하나

돌 틈이 힘겨워
땅 끝까지 메말라
갈라진 발등
옥양목 치맛자락 젖든 밤
바람 한 점 없었다.

낙엽 이불 속
물방울 촉촉히 젖는 복수초이듯
삶의 길은 초라한 것을

약자의 편에 서 미소로 씻어
어디까지 비우고 태워야

순백의 결정체로 남을 수 있을까?

고개 숙인 순수함이
바람과 물결에 흔들려도
어둠 속 혜안으로 열려
고독과 마주 서 숨쉬는
오늘이
찻잔 속에 고요히 스미는
들국화가 된다.

뜨락이고 싶다

때 묻은 생활에서 벗어나
근심걱정 다 접어두고
시와 음악에 묻혀서
그렇게 오랜 시간을 보내봤으면

좋은 친구 곁에 두고
한 잔 술에 취해가며
포장해 숨겨두었던 속내 드러내어
아픔까지도 훌훌 털어낼 수 있었으면

밤하늘의 별들과 티 없이 눈 맞추며
유성이 떨어져 내리는 모습 지켜보며
마음 설레던 그 시절로 돌아가 봤으면

작은 일에 무뎌지고
삶에 너그러워질 수 있다면
조금 더 기다릴 수 있는 여유로움이 배고
얼룩진 마음 씻어 엉킨 넝쿨 벗어나
꽃들이 가득한 사이를 같이 거닐 수 있게
님의 꽃담에 싸인
정결한 뜨락이고 싶다.

물결

가을이 빛으로 내려앉은 계곡
물이 들어가는 소리를 따라
낙엽 하나
외로운 몸짓 되어 흐른다.

추억이 묻은 자리마다
회색빛 사연이 되어
울음을 참고 있다.

가까이 다가 설 수 없어 마음만 시로 띄울 뿐

고개 마루 감나무엔
아직도 주황 꽃무리 한창인데
느린 발걸음은
능선만 하얗게
시간을 재촉한다.

살아 숨 쉬는 세월 속 고뇌가
넘치도록 채워져도
마음 한 자락 풀어
조용히 흐르는 물결이고 싶다.

장미

가슴에 박혀 있는 가시
겹겹이 붉은 아픔인데
원망도 없이
오월의 여왕답게
고요한 표정을 간직한다.

고된 삶 속 메마른 가슴은
긴 터널 속을 헤매왔지만
찢긴 마음보다
더 슬퍼지는 오늘과
내일

화해하고 용서하는 깨달음은
깊은 속에서 얻어 낸
무소유의 마음.

이젠 화려함보다 숙연함으로
부드러운 솜털로 가시를 감싸 안고
고운 빛 안으로
방향 잃은 날들 다 비워내
고개 숙인 겸손함으로

빛에 감사하며
양지바른 풀섶을 지키는
할미꽃이고 싶다.

꽃대 끝 하얀 머리 풀어
어느 땅을 찾아 하늘을 나는 날까지
상처받음을 허락하면서.

비에 젖는 삶

울어라 잿빛 하늘을 향해
후회하지 않을 소리로

먹구름 속에도 따뜻한 체온은 있어
울음소리 젖어드는 숨결이 같아질 때까지

맑은 날이라고 좋은 일만 있드냐
흔들리다 보면 결 따라 흐르는 것을

믿음 사이로 새어 나가는 소리
강물 되어 곱게 여울져 흐르리.

갈망은 기다림을 불러와도
순간의 기쁨은 비에 젖는 삶

그리 젖어들어도
끈만은 놓지 못한다.

홀로 넘는 하얀 고개

밀리는 길
잠시 쉬어 홀로 가는 서글픈 마음
짧은 생각 낡은 습관 섞바꾸며
이 밤의 어둠처럼 아침을 기다린다.

겹겹이 쌓인 고통이
오그라드는 마음 죄어와도
그래도 하나쯤 가치를 믿어
하늘 빛 속 햇살을 꽃처럼 안을 수 있다.

기대도 접어두고
갈등이나 위선에서도 벗어나
강물 위 구름과 꽃바람이 벗되어
마음 가벼이 자유롭게 날 때
쏙독새 울음소리 외롭지 않다.

말갛게 헹궈진 눈
빛과 어둠 사이를 바로 서 걸을 수 있을 때
단장 하나 없이 가야하는 하얀 길이
한으로 넘는 고개가 아닌 가득 차는 길이 된다.

은빛 여운

잠자는 나뭇가지 흔들어 놓고
날아오른 새
깃털은 날려도
둥지만은 잿빛 하늘을 지킨다.

그림자처럼 고된 한숨을 달고 살아왔지만
바람도 지쳐버린 숲 속
버거운 나래 활짝 펴고 한번만 날아봤으면

절망 속에서도 한줄기 빛 속에
삭막한 현실을 인정하면서도
마음껏 목 놓아 울어봤으면

겸손과 현명한 지혜로 길을 열고
선행의 뿌리만은 지켜내며
혀끝에 묻어나는 아름다움까지
자신을 낮추어 모든 것을 품어 안을 때
살아 있는 곳 어디에든 든든한 버팀목이 되었으면

새로운 만남을 위한 긴 날갯짓
점 하나의 여운만 남기고 사라진다.

이팝꽃 향기 바람에 실려

배고픈 넋두리
하얀 눈물은
명절에만 먹던 밥
가득 담으면 까마귀가 와 먹는다.

초가집 장독대 맑은 정화수
허기로 지쳐도
마음 속을 채우려
빌고 또 비시던 모습이
달빛에 외롭지 않았다.

호롱불 흔들리고
문풍지 하얗게 젖던 밤
마음만은 살찌우고 싶던
보리 고개
파란 꿈을 접었다.

허와 실이 드러나
무게만큼 허망해진 세파 속에서
오늘도 내일을 안고 꿈을 걷어 쥔 여인
우산 속으로 들어온다.

겨울 나무

막을 수 없는 바람의 길
그저 스치는 인연이었나.

떨어진 잎새 사이로
허공을 열어두고
속삭여 올 때까지
기다려야 하는
가지 끝 떨림

주술인 듯 시려오는
무성한 속살의 아픔
지워질 기쁨 속에
흔들리는 순간의 내일을 위하여
마디는 외롭다.

아픔만큼 아름다운 그림자
너를 위해 무엇이 될까를 생각하고

추레하지 않는
사랑의 끝
숨어 우는 달빛보다

엇박자 바람 소리에 물드는
짙은 멍 자욱
애절히 넘어야할 고개가 있다.

이별이란

허공이다

논리도 공식도
필요 없는
허공이다.
기댈 벽도
잡을 끈조차 없는

스스로는
곁가지를 자르고
오를 수 없는
바람 이는 외줄이다.

깊은
수렁일 뿐이다.

물망초

숨소리에 젖어
노랗게 흔들리는 빛깔
잊지 않을 약속도 없이
흩어지는 몸짓

시린 안개는
새벽을 적시고
아쉽게 스며 우는
얼음 속 물소리

주저앉은 자리에
번져오는 물방울로
한없이 흔들리고

이룰 수 없다 해도
끝내 지지 못하는 이별은
아파도 아름답다.

풀꽃이고 싶다

오솔길 모퉁이
다소곳이 핀 꽃
소박해서 돋보이지 않아도
살며시 속마음 드러내는 미소.

낙엽 속 온기로 추위를 견디고
풀잎 이슬과 입 맞추며
나무그늘에도 고마움을 웃어낸다.

잔잔한 허공을 입어
말없이 드러내 보이며
그렇게 살으란다.

감사하는 몸가짐은
변해가는 모습까지
아름답게 담아
바람 불어 사는 세월
작은 틈새로 흐르는 빛처럼
하염없는 눈망울로
머물다 간 이웃마다 향기를 묻혀준다.

먼 훗날까지
향으로 피어
아련한 기억
흔적을 물빛으로 지우는
한 떨기 풀꽃이고 싶다.

그림자 하나

— 청량사에서

오르다 기어 오르다
길이 막히면
그때 어찌할까

저 푸른 하늘가에
따뜻한
마음 한 자락이면 족한 것을

사뭇 그리워지는
그림자 하나
풍경소리 속에 자리하고
동양화 한 폭 그려놓는
저리 고운 아름다움으로
이별을 재촉하는가

소중한 틈을 열어
웃음 짓는
바람의 빛이 그립다.

은구슬 흐르는 두 볼

— 손자 손녀에게

귀뚜라미 소리보다 더 아련하게 부르며
코스모스보다 더 귀여운 손 흔들고
파란 하늘에 내민 얼굴
흰 구름 타고 달려온다.

갈대밭을 헤치는 소슬바람으로
가슴을 파고드는
지움과 채움을 가르쳐 주는 사랑

만나고 헤어짐을 배우는 눈물은
자꾸만 마음을 붙들고
은구슬 흐르는 두 볼
가만히 잡으며
가슴에 새겨 넣는다

더 많이
오래도록 기억할 수 있게
심어줘야 할 텐데……

시간은 얼마쯤 남아있는지.

달

숨소리 스미듯 발자국 낮춰
아름다운 색감으로 발아래 깔아
무게를 잊은 듯 숨 몰아쉬는
찾아오는 여인
발자국 소리 조용히
흐르는 뒷모습

맑은 눈빛 불어 넣어
해맑은 그릇 속에
소리 없이 채워지는
님의 그림자.

제4부

하얀 아우성

수평선

푸르름이 쏟아져 내리는 하늘
바다가 안아 하늘을 향했다.

뽀얀 선 하나
한줄기 바람이 되어
말갛게 가슴에 스며오고
밀리고 씻겨 온 세월을
곱게 써레질 하여
마음 한 자락 다져 놓고 돌아서는 손길

더 이상 바라볼 수 없는 마음이 되어
그 자리에 접어두고 가지만
영원히 지워지지 않는
물빛 같은 그림자를 만들었다.

당신을 잊을 수 없기 때문에

눈 내리는 간이역

어디서 들리는가
감꽃 떨어지는 소리
나지막한 음계는
아직도
날 유혹하는데

쓸쓸하게 눈부신
하늘 소리는
청명한 그림자로 내려
적막 속 끝마디가 시리다.

빈자리 마음 두고
떠나온 나그네 길
따뜻해서 추운 기억만
햇살 소리 향기로 가슴 적시며
가지 끝 하얀 시간으로 남는다.

자존심이 아파서
못다 한 말들
오랜 눈빛으로 여무는
단절은 소통을 원했던가?

흰 눈만
취해 비틀거리며
녹슨 안내판에 길을 묻고
기다림에 지친 추억이
눈 잎 되어
홈 끝에 서서 떨고 있다.

물안개

물안개 가득한 수면 위로
무늬지는 마음이 흐르면
헤아려 볼 수 없는
안개 속 허무가 자리를 잡고
수면처럼 마음이 흔들리면
지친 자리마다
뽀얀 그리움이 내려앉는다.

바람아 거두어다오
사라지지 않는 떨림 앞에
선명한 빛을 내려
산 그림자 메아리 퍼질 때까지

잡을 수 없어
잡히질 않아
허망하게 맴돌다 사라지는
순간의 존재

지울 수 없는 그리움은
또 다른 이별을 노래해도
너를 향한 호흡 놓지 못하고

흘러흘러
세월을 채워가는 강줄기 위로
물안개 되어 가득 내린다.

호숫가에서

물속에 뿌리 박은 갈대는
오늘도
제자리걸음만 하고 있다.

갈대 사이로 스민 바람
노을빛과 어우러져
숨소리마다
기다림이 방울처럼 스미고

소리로 젖어드는 기다림은
호수에 내려 앉아
물안개로 피어난다.

한 줌 세월 속에
머무는 사랑
솔바람 곁에서는
꽃잎을 태우는가?

한 호흡 여유로우면
머무는 사랑도
초록 잎 위에 꽃을 피우리니

만남과 헤어짐이
고이지 않고 흐르는
물이었으면

고독을 참다
산을 안은 호수는
제자리걸음만 해도 아름답다.

촛불

고요한 멜로디로 애틋하게 스미며
한줄기 묻어나는 소리로
향기가 되어 은은하게 흐른다.

타오르는 불꽃은
쏟아내는 눈물로
허무함 속을 파고들어
갯벌 위 질퍽한 생을
노을빛에 말려
뜨거운 온기로 구들장을 달군다.

다정한 빛과 온유한 그림자는
하루살이 허망한 길을
한 뜸 한 뜸
매듭지어
장독대 소복이 쌓이는 눈처럼
순수를 찾는다.

소리 숨겨 연소시킨 눈물은
맑은 사랑이 되어
순연한 재로 남고 싶지만

그 마음 한 자락마저
편히 쉴 곳이 없어
어둠 속을 헤매다 지쳐버린
반딧불 아픔이다.

항아리

눈서리 내리던 밤길
하얀 사연은
한 줄기 눈물을
소리 없이 지워낸
연분홍 치마 폭 꿈
한 번의 기회와 만남으로
위태로운 갈림길에 서 있다.

노을빛 속에서
고리 풀어
날아간 민들레 홀씨

이슬 맺힌 눈매는
상사화 꽃대처럼
텅 빈 항아리
별빛만 가득 채우는 떨림이다.

낡은 지붕 처마 밑에
제비 울음소리 정겹던
과거 속 진실을 찾아
헤매다 헤매다

함박눈꽃 사이로
까맣게 사라지는 체온

눈빛에
달빛에
빈 가슴은
흐르는 물소리만 가득하다.

석류

깊은 밤
수많은 별들을
가슴 가득 채워
타는 불꽃으로 터지고

아린 아픔이 되어
알알마다 새겨지는
핏빛으로
조각조각 물이 든다.

총총히 맺혀 있는
서러움과
시디 신
당신의 입맞춤.

그늘 속으로 묻혀버린
아픔은
당신의 하얀 뼈가
옹이처럼 돋아난다.

당신 때문입니다

힘을 잃고 덜컹대는 야간열차
어둠은 감싸이고
그 뒤를 흐르는 가로등이 외로워
그만큼 불빛으로 따라간 마음

힘겨운 외줄타기
혼란 속에서도 깨우침을 안겨주는
감싸주는 온기와 배려하는 마음

속절없는 삶 속
미련을 접는 지혜는 슬기로운 미덕으로
가슴에서 묻어나지만
참고 견딜 힘 조차 메마른
정 때문에
솟아오른 고뇌입니다.

허락하지 않은 눈물은
세월 속 텃밭에 삭아 내리고
씨앗이 되어
이 밤 어둠 속에 쏟아지는 그리움은
당신 때문입니다.

고독

먼 섬을 품어
하얀 꿈으로 안은
오렌지 빛 낙조 속 슬픔
한 자락도 접을 수 없기에
가득 차 오른 수평선에 묻어 둔다.

죽음보다 더 큰 미련을 남겨
숨어서 적막하게라도
오래오래 아끼고 싶었던 마음
속 뜻 한 번 열어보지 못한 채
달빛 사이로 스며드는
설레는 마음만 만들어 두었다.

텅 빈 속
셀 수 없는 높이와
볼 수 없는 깊이로
다가온 고통
고독은 어려움 속을 춤추는 희열이다.

시간 속에서는

똑똑
문을 두드려
손가락 사이로 빠져나간 모래알 같은
시간 속을 들여다본다.

손상되지 않은 하루
하얀 백지 위로
하늘의 빛남이 가득 내려앉기를 바랐건만
침묵 속 진실마저 겉치레로 요란한 앞에
마른 장작더미같이 꼭 다문 입술은
멈춰선 자리에서 말이 없다.

탐욕과 자만으로 얼룩져
깨어지고 부서진 흔적들만 가득한데
잃어버린 것의 아쉬움과
그 빈자리를
창백한 겨울 햇살로 파고들면
욕심 없이 행복했고
가진 것 없이 풍요로웠던 기억 몇 조각 떠올라
마음 한 구석 푸근한 삶의 향기가
주문처럼 가슴 창문을 두드린다.

가을빛 향기

창문 뒤 흐르는
단풍잎이 깔린 계곡 물소리가
찻잔 속으로 스미면
구슬픈 노래되어
옛 추억을 마신다.

태양과 대지의 빛깔로 물든
다양한 얼굴들
가을 빛 가득 담아 향기로 묻어나지만
구름 한자락 타고 가늘게 흐르는 마음은
노을빛 노래로 곱게 접어 물들인 채
잠시 보내는 허전함이다.

때론 순수하면서도 원숙하게
소박함 속에 번지는 현란함도
진한 소망 속에 뿌리박아 세워졌으면

머릿속 비워내고
짓눌린 어깨 짐도 내려놓아
활짝 웃던 마음 되어
문 활짝 열어주려는지

닫힌 문 앞 댓돌 위에
가지런히 놓인
하얀 고무신
정겨움이 그립다.

단풍잎

부서져 내리는 시린 눈을 감아도
산수유 꽃무리보다 더 화려하게
장미보다 더 진한
아름다운 빛으로 떠나고 싶다.

푸른 잎에 번지던 꿈 많은 사연
같은 빛깔로 승화되지 못해
쏟아내는 엇갈린 비알
아픈 눈물로 발등을 적시며
돌아갈 수 없는 그만큼의 시간만 쓸어안는다.

이제야
두고 갈 자리를 알아
보내는 마음의 소리에 귀 기울여 보지만
한숨 소리에 매달리는 희미한 메아리로
적막해 가는 산기슭에 긴 여운을 떨군다.

끝이 아름다워
내 삶도 곱게 물들어가게
한 잎 단풍으로 내 자리를 쓸어본다.

산수유

실낱 같은 향기가
가지마다 매달려
순수의 숨을 쉰다.

꽃잎도 수술도 아닌 것이
민들레 홀씨를 불러
시샘 만들고
노란 유혹은 별꽃 무리로 가득 채운다.

노랗게 마음을 쌓아 두고
가슴에 숨겨둔 보석만은
보이기 싫었는데
비워내는 자리마다
방울방울 맺힌 애타는 마음

사랑의 상처를 남기기 두려워
질투의 산실을 키우고
잃어버린 마음은
붉은 빛으로 남았다.

하얀 아우성

하얀 아우성은
추운 길목에 떠난
님이 오는 소리

하얗게 날리는 숨결이 가슴에 젖어들고
기다림 속에 반기는 환호로
부푼 가슴속에 파고들어
빈자리에 머무는
은빛 여운을 길게 꽃으로 남긴다.

순간에 피어난 꽃 속에
내가 녹아내릴지라도
너의 모습
애써
지우려하지 않으리.

천리향

그렇게도 참기 힘들었던 고통은 접어두고
아파도 아파도 피어나는 넌
누구를 그리는 마음이더냐

얼음 속 같은 바람에서도
별빛 눈물이 된 보랏빛 향기
쏟아내는 진한 아픔은
은하수 건너 천리를 가는구나.

찬란한 발걸음이
코끝에 맴도는 향으로만 남을 바엔
애써 피지나 말지.

떠오르는 지고지순함에
가슴은 무너지고
못다 한 이야기는 지혜의 빛으로 남는다.

노을빛 손

당신은
가지 끝에 매달린
마지막 잎이지만
찬바람에도
외롭지 않습니다.

당신은
아름다움을 가슴 가득 안겨준
그리움.
온몸을 태워 밝게 지켜주시던
촛불이었기에
저미는 가슴으로
억새풀 손을 꼭 잡아봅니다.

당신은
넓고 푸른 잎으로
가려주시며
연꽃 같은 웃음 번지는
호수입니다.

비우고 채워야 할 때를 알아
한줄기 빗물도 은구슬로 흘려내는
지혜로운 수련입니다.

당신은
초가삼간 굴뚝에 연기피우며
된장국 냄새 그윽했던 고향입니다.

주황빛 노을이 펼치는 온화로움에
지는 해는 외롭지 않아
노을빛 손을
꼭 잡아봅니다.

찢겨진 돛폭을 수리하듯

— 병실에서

입을 다문 병실은 고요만 가득 차고
링거 바늘 사이로 바르르 떨리는 소리가
시계 바늘처럼 느리다

탁자 위 잘 익은 석류가 발갛게 웃고 있을 뿐

아픔보다 더 서러운
매달리듯 잡고 있던 마지막을 놓아버리고
그 날까지 별만 세며 살아도
행복한 끝이 되리라.

눈물은 뭣하러 흘러 이만큼 살았으면 됐지

풍랑에 돛을 올리고
거칠게 싸웠던 항해에서 돌아와
찢겨진 돛폭을 수리하듯
나른해진 최선

마지막 한 자락을 허락하신다면
아름다운 향기만 가득 채우리라
웃음이 밴 향기를

새벽

— 중국 여순 여행길에서

눈물처럼 비는 내려
새벽은 고독으로 가득하다

매화 꽃잎같이
지칠수록 더욱 붉게 물드는

선명해지는 슬픔이
위로가 되는 아름다움

떠나고 머무는 여행길에서
빈자리를 보듬어 아파하는 것

오솔길 안개 속을
한가로운 햇살 그려 걷고 싶다.

해맞이

푸른 공기
초연하게
가득 메운 새벽

처음처럼 날고 싶어
별이 떨어진 곳을 향해
어둠에 몸을 씻고
희망을 기다린다.

파도는 떨림 속에
얼음 같은 시간을 가르며
웅성대는 까만 현무암을
잠재우고

조금씩 잊혀가듯
아쉬움은 바람에 씻기어
새 길을 찾는 하얀 등대
꿈과 욕망 사이로
줄다리기 하고 있다.

선명한 불덩이 솟아
물살 가르면
흐르는 물결 더욱 따뜻하리라.

새 출발은
부드럽게 포물선을 그리며
평화로운 마무리와
시작을 알린다.

낙서

당신이 보았으면
얼굴 감싸고
두 눈 꼭 감는다.

그래도
보았을까
살며시 눈뜨면

바닥에 흐르는
달빛 소리

| 작품해설 |

나이현의 자연과 언어예술

金宇鍾(문학평론가)

나이현이 그려 나가는 시의 세계는 아름답다. 그 아름다움은 화선지에 그려 나가는 한국화의 기법을 연상시키기도 한다. 이것은 회화적인 기법이 만들어 내는 가치로서 충분히 매력적이고 감동적이다. 그렇지만 이 시인의 세계는 그런 시각적인 형상화를 통해서 나타나는 아름다움이 전부는 아니다. 그 아름다운 회화적 소재와 그 형상화된 사물들은 저녁노을을 바라보기 시작하는 인생의 긴 여정에서 나타나는 아쉬움과 회한과 몸부림 또는 체념이나 한숨의 이미지일 수도 있다.

〈한 잎 낙엽 뽀얀 깃털 되어〉……

이런 작품은 제목에서부터 회화적인 미의식을 한껏 발휘하려 한 것이며 다수의 작품이 이런 경향이다.

1년 4계절 중 가장 아름다운 자연 풍경은 가을에 만들어진다. 자연은 이 시기에 가장 찬란하고 아름다운 색감을 마음껏 풀어내며 거대한 캔버스에 명화를 그려 나간다.

이런 색채의 향연은 다른 무엇보다도 단풍든 나뭇잎 때문이며 그것이 바람에 날리며 낙엽이 될 때는 사뭇 환상적인 계절의 축제를 연출한다. 이런 낙엽은 죽음의 상징이 되기 때문에 예전의 한국화가들은 가을 풍경을 그리더라도 떨어지는 낙엽은 그리기를 꺼렸다.

그렇지만 단풍으로 물들어 떨어지는 낙엽은 참으로 아름답다. 그리고 이것이 뽀얀 깃털이 되는 환상적인 세계를 상상하면 더욱 아름답다.

나이현의 시는 이런 아름다움으로 충만해 있다. 그런데 그 그림의 밑바닥을 들여다보면 회화적인 아름다움에만 빠져 있을 수가 없다.

갈 길을 잃은 몸부림이
한숨에 실려
겨울을 재촉한다.
(중략)
통곡인가
소리는 퍼져 나가
돌아오지 않는 메아리만 남기고
잎새 하나 또 바람에 흔들리며
떨어져 내린다.

— 「낙엽」 일부

울긋불긋 단풍든 수많은 나뭇잎들이 바람에 날리며 떨어지는 모습은 마치 온갖 나비들의 군무처럼 환상적인 매력을 지니지만 그것은 '갈 길을 잃은 몸부림'인 것이 사실이고 바람에 날린다는 것은 한숨에 실려 날아가는 것이며 그 끝은 죽음이다. 그러니까 그것은 '통곡'이 되고 '돌아오지 않는 메아리'가 되고 있다.

이것은 이 시인의 많은 작품 중의 하나지만 이것을 통해서 볼 수 있는 작자의 내면적인 정신세계와 작자가 바라보는 세계관과 시창작의 특성은 이 시집의 다른 작품들 속에서도 매우 많이 공통적으로 나타난다.

나이현의 작품 소재들은 주로 자연이다. 소설은 반드시 인물들을 등장시키고 그들이 사는 사회가 이들이 연출하는 무대가 되고 수필가들도 집안의 엄마와 아빠와 할머니와 그날 만난 친구들 얘기가 많지만 나이현의 시에는 사람들이 별로 없다. 적어도 표면적으로 나타난 소재로 보면 사람이 없는 무대공간과 그 사물들이다. 그러니까 대개는 순수한 자연의 세계다. 꽃과 나무는 사람이 심어서 기르기도 하니까 그 자연 속에 사람이 있는 것은 사실이지만 직접적으로 등장하는 일이 거의 없다.

그런데 그렇게 사람이 없더라도 그것은 결국 모두 작자 자신이거나 다른 사람들의 이야기이다. 작자는 자연을 바라보며 자신의 인생을 말하고 세상을 말하고 있는 셈이다.

이런 경우에 작자가 바라보는 자연은 어떤 상징적 기호로서의 자연이다. '낙엽'을 '통곡'이라고 한 것은 낙엽의 상징적 의미가 슬픔이며 죽음이며 통곡이라고 해석했기 때문이다. 모든 경우에 낙엽이 곧 통곡이나 죽음을 의미하는 것은 아니지만 위의 시에서 작자가 낙엽을 이런 기호로 해석한 것은 사실이다.

그리고 이런 죽음이나 통곡이나 슬픔은 그렇게 잎

이 다 떨어져 나가고 죽음의 계절을 맞는 나무의 운명을 슬퍼하고 장송곡을 불러 주고 있는 것은 아니다.

작자가 말하고 있는 죽음이나 슬픔이나 통곡은 자연보다는 이를 바라보는 시인과 독자들의 세계다. 다시 말해서 작자 자신의 인생을 말할 수도 있고, 작자의 두 눈을 통해서 해석된 우리 사회나 역사나 전 인류의 보편적인 삶이나 역사를 말할 수도 있다. 다만 필자가 보기에는 작자는 우리 사회나 역사나 인류 보편적인 가치의 문제 등 우리들 다수의 공동의 주제에 대해서는 깊이 말하는 바가 없다. 대개는 서정시의 차원에서 작자의 개인적인 삶의 세계를 말한 것이 더 많다. 다시 말해서 떨어지는 나뭇잎을 바라보더라도 거기서 시인 자신의 인생을 보고 있다는 것이다.

이런 의미에서 작자가 바라보는 자연은 크게 두 가지의 의미를 지닌다. 하나는 자연의 모든 사물을 자신을 말해 주는 상징적 기호로 읽고 이를 시적 표현으로 담아내고 있다는 것. 그리고 한편으로는 이런 인생론적인 관점이 있더라도 이에 깊이 매이지 않고 자연 자체를 소재로 삼아서 아름다운 상상의 세계를 펼쳐 나가며 이야기를 만들어 내고 있다는 것이다.

이렇게 읽고 표현해 나간 시세계는 어떤 것일까? 그리고 자연을 상징적 기호로 읽어 나가면서 그려지는 시세계는 어떤 가치가 있는 것일까?

언어 예술의 아름다움

깊은 밤
수많은 별들을
가슴 가득 채워
타는 불꽃으로 터지고

아린 아픔이 되어
알알마다 새겨지는
핏빛으로
조각조각 물이 든다.

총총히 맺혀 있는
서러움과
시디 신
당신의 입맞춤.

그늘 속으로 묻혀버린
아픔은
당신의 하얀 뼈가

옹이처럼 돋아난다.

—「석류」 전문

이것은 매우 사실적인 기법으로 석류를 관찰하고 그려낸 작품이다. 석류라면 한국화에서만이 아니라 유화의 정물로서도 많이 사랑받는 소재다. 그런데 이것은 언어로 그린 석류이며 이만큼 사실적으로 석류의 아름다움을 담아내기도 힘들 것 같다. 왜냐면 이것은 석류 자체의 시각적인 사실성만 드러내고 있는 것이 아니라 그것을 통해서 많은 서사적 스토리를 만들고 전설을 그려나가고 있기 때문이다.

새빨간 알갱이들이 반짝이며 터져 나올 듯한 모습은 눈으로 보는 객관적인 묘사다. 그런데 작자는 이것을 다시 가슴 가득히 채워진 별들로 나타내고 있다. 그 별들은 불꽃으로 타오르며 터져 나올 듯한 욕망으로 반짝인다. 너무도 많고 뜨거운 정열로 당장 일을 저지르고 말 듯한 음모를 지닌 강인한 생명체의 몸부림을 그린 것이다. 그리고 그것은 너무도 젊은 생명체의 욕망이며 마그마처럼 딱딱한 껍질의 밑바닥에 갇힌 욕망이기에 붉은 빛은 핏빛으로 묘사되고 있다. 그래서 작자는 이것을 서러움이라 말하고 시디신 입맞춤이라 말한다. 그러므로 이 석류 한 알의 그림은 전체가 러브스토리가 된다. 작자는 석류 한 알로서 사랑의 이야기를 쓰고 그 알갱이 하나하나가 주절이 주절이 지껄이는 전설을 그린 것이다.

〈산수유〉도 이처럼 언어로써 그림을 그리며 회화적 기법으로 이야기를 만들어나간 우수작이다.

꽃잎도 수술도 아닌 것이
민들레 홀씨를 불러
시샘 만들고
노란 유혹은 별꽃 무리로 가득 채운다.

노랗게 마음을 쌓아 두고
가슴에 숨겨둔 보석만은
보이기 싫었는데
비워내는 자리마다
방울 방울 맺힌 애타는 마음

사랑의 상처를 남기기 두려워
질투의 산실을 키우고
잃어버린 마음은
붉은 빛으로 남았다.

—「산수유」 일부

이 시도 시샘 질투 유혹 애타는 마음 사랑의 상처 등 사랑의 이야기로 가득 차 있다. 그리고 색으로 의미를 전달한다. '노란 유혹'은 유혹이라는 관념적인 용어를 색으로 시각화하고 있다. '노랗게 마음을 쌓아 둔다'도 마음을 쌓아 두는 행위의 의미를 노란 색의 이미지로 시각화하고 있다. 그리고 '잃어버린 마음'을 '붉은 빛'으로 나타내고 있다.

이처럼 색의 이미지로 그려나가는 회화적 기법은 하얀 색으로 가장 많이 나타나고 있다.

'홀로 넘는 하얀 고개'
'단장 하나 없이 가야 하는 하얀 길'
'선이 보이지 않는 하얀 향기'

여러 작품에서 보이는 이런 하얀 색은 관념의 형상화인 경우도 있고 사물 자체의 하얀 색일 경우도 있고 이 두 가지를 다 같이 지닌 경우도 있다.

향기는 보이지 않는 것이기 때문에 '선이 보이지 않는 하얀 향기'는 후각적인 것을 시각적인 표현으로 바꾼 것이다.

손상되지 않은 하루
하얀 백지 위로
하늘의 빛만이 가득 내려앉기를 바랐건만
—「시간 속에서는」 일부

〈시간 속에서〉에서 작자가 이렇게 말한 '하얀 백지'는 아무 것도 쓰지 않고 그려지지 않고 손상되지 않고 남겨진 종이처럼 아무 일도 없이 지나가 버린 하루를 하얀 색의 이미지로 나타낸 것이다.

그런데 〈항아리〉〈 하얀 아우성〉〈이팝꽃 향기 바람에 실려〉에서는 두 가지가 공존한다.

눈서리 내리는 밤길
하얀 사연은
한 줄기 눈물을
소리 없이 지워낸
연분홍 치마폭

—「 항아리」 일부

여기서 '연분홍 치마폭'은 시집간 여인을 상상해도 좋을 것이다. 시집가던 날이든 그 후 소박맞고 쫓겨나던 밤이든 그것은 독자가 만들어 나갈 제2 창작의 몫이다. 그런데 그날 밤 하얀 눈이 내렸다면 그 여인의 슬픈 사연은 '하얀 사연'으로 표현될 수 있다. 하얀 눈길에서 흘리던 눈물이니 그 사연은 하얀 색으로 시각화될 수 있을 뿐만 아니라 백색의 상징적 감각적 이미지로서 그 빛깔을 쓸 수 있을 것이다.

〈하얀 아우성〉에서도 마찬 가지다. '하얀 아우성은

/ 추운 길목에 떠난/ 님이 오는 소리'라 했으니 여기서 '하얀'은 추운 겨울의 눈 내리는 풍경을 연상시킬 수 있고 한 편으로 하얀 색의 감각적 이미지로서 님이 오는 소리와 모습을 시각화 한 셈이 된다.

이런 '하얀 색'이 더 많이 사용된 작품은 〈이팝꽃 향기 바람에 실려〉다.

배고픈 넋두리
하얀 눈물은
명절에만 먹던 밥
가득 담으면 가마귀가 와 먹는다.
— 「이팝꽃 향기 바람에 실려」 일부

여기서 말한 '하얀 눈물'도 이팝나무의 실제적 색깔을 나타낼 뿐만 아니라 그 슬픈 눈물의 시각적 의미를 하얀 색으로 표현한 것이다. 그래서 보리고개 넘던 허기진 시절의 밤도 '문풍지 하얗게 젖던 밤'이라고 했다.

그런데 이 시는 곧 이어서 '보리고개 파랗게 접었다'고 나온다. 흰 색과 청색을 대비시켜 가며 색깔로 그림을 그린 것이다.

〈항아리〉에서는 '하얀 사연'과 같은 연에서 '연분홍 치마'가 이어진다. 이것도 백색과 연분홍으로 이 같은 색깔로서 회화적 효과를 얻으려 의도적인 어휘 선택을 한 경우다.

그런데 이런 하얀색이 많이 쓰이는 것은 서양화가 아니다. 이것은 한국화의 미의식에서 나타나는 것이다. 화선지에 그리는 한국화의 여백은 모두 하얀색이다. 이런 여백은 서양화(유화)에서는 거의 나타나지 않으며 만일 필요하더라도 색감을 발라나가며 백색을 채우는 것이지 붓을 대지 않는 여백은 거의 없다.

이런 기법은 색이 지니고 있는 원형적 의미로써 그림을 그리는 것이나 마찬가지다. 그리고 원형적 의미는 다른 사물에도 마찬가지다. 인류가 자연 속에서 만난 모든 사물은 국어사전 같은 특정 민족 단위의 언어 풀이를 알아 볼 것도 없이 거의 어디서나 공통적인 의미를 전달한다.

〈수평선〉에는 '영원히 지워지지 않는/ 물빛 같은 그림자를 만들었다'는 표현이 있다. 그런데 이 시인은 '물빛 같은 그림자'라고 쓰기 전에 '슬픔 같은 그림자'라고 썼던 것 같다.

무엇이 달라진 것일까? 의미는 달라진 것이 없다. '물빛'이 곧 '슬픔'의 빛이라면 달라진 것이 없다. 다만 직설적 표현을 상징적 기호로 바꿨을 뿐이다. 물

빛은 푸른 빛이라 해도 좋고 그 빛은 붉은 빛의 정열이나 환희 같은 것과 달리 슬픔을 나타내는 편이기 때문이다. 그리고 푸른 빛보다 물빛이 더 적절한 것은 이 작품의 주소재가 물이고 또 물도 슬픔의 상징이기 때문이다.

그리고 이것은 온 인류가 공통적으로 지니는 언어다. 정호승의 시에 자주 비가 나타나고 때때로 흰 눈이나 진눈깨비가 나타나는 것도 슬픔을 나타내기 위함이다. 〈염천교 다리 아래 비는 내리고〉는 60년대 후반부터 농촌에서 허기지던 소년과 소녀들이 서울로 꾸역 꾸역 밀려 올라 오며 공장으로 창녀촌으로 버스 차장으로 고달픈 삶을 찾아가던 이야기이기 때문에 그들이 등장하는 서울역 주변 풍경을 비 내리는 풍경으로 그린 것이다.

그리고 헤밍웨이가 〈무기여 잘 있거라〉에서 사랑하는 여인이 죽어가던 시간대를 비가 내리는 풍경으로 표현한 것도 그것이 슬픔을 의미하기 때문이다.

이처럼 자연 속에서 우리가 만나는 비 바람 눈 하늘 별 등은 모두 원형적 의미를 지닌 언어이며 만유 공통어다.

나이현은 자연을 소재로 하여 이런 언어를 섬세한

감각으로 배열해 가며 아름다운 그림을 그리고 있다.

인생의 자화상과 자기구원

그런데 이 시인은 이렇게 아름다운 자연을 그리고 그것으로 이야기를 만들어 나가기도 하지만 많은 작품들은 그 속에 작자 자신의 내면세계를 투영시켜 나가고 있다. 즉 자연의 풍경화나 정물화는 곧 작자 자신의 자화상인 경우가 매우 많다.

> 고개 숙여 숨결 고르고
> 이슬에 젖는 그림자를 여울 물에 드리운다.
>
> —「갈대」 일부

〈갈대〉의 첫 연이다. 이렇게 그려진 갈대는 실제로 이슬에 젖기도 하며 늘 그 그림자를 여울물에 드리우고 있는 것이 사실이다. 그렇지만 이슬에 젖는 그림자는 작자 자신이기도 하다. 그리고 갈대가 여울물에 자신을 드리우듯이 작자 자신도 그렇게 자신을 흐르는 여울물에 드리우고 살아 온 셈이다. 그 다음에 이어진 갈대의 모습이 모두 작자 자신이다. 이슬에 젖어 있고 '여울물에 드리워져 있고' 늘 바람을 맞으면서도 '한 곳으로 향하는 마음'을 잊지 않고 있는 모습이 가엾다. 그런 의미에서 인생에 대한 감상주의가 저변에 짙게 깔려 있는 자화상이다. 다만 그런 슬픔에도 불구하고 갈대의 아름다운 덕목을 칭찬함으로서 작자 자신의 운명을 긍정적으로 받아들이고 싶어 하는 것이 감동적이다.

모진 바람 불어도 온 몸으로 막아서서
물새 둥지를 지켜내는 갈대밭이고 싶다
— 「갈대」 일부

물새 둥지를 지켜내는 갈대밭이고 싶은 것은 누구인가?

이렇게 자연을 통해서 그려진 작자의 영상은 전체적으로 보면 노을진 해를 바라보며 걸어가는 나그네 모습이다. 이 시집을 내는 시점에서 보면 아직은 그럴 나이가 아닌 듯 한데 자식들 다 길러 놓고 보면 그런 인생론에 도달하는 것일까?

처마 밑
찢기어진 거미 사슬 끝에
빈 껍질만 남은

애달픔
바람에 나부낀다.
　(중략)
다 주어도 아깝지 않은
한 없이 주고픈 마음
이젠
멀리 두고
지켜만 보는
하고 싶은 말도
보고 싶은 마음도
다 접어 둔 마른 풀잎이다.

— 「거미」 일부

자식들에게 아깝지 않게 모든 것을 다 주고 난 뒤 저만치 물러서서 그들을 바라보기만 하고 있는 자신의 모습일까? 그렇지만 표현이 가혹하다. 찢기어진 거미줄 끝에 빈 껍질만 남아서 바람에 나부끼는 모습. 얼마나 참혹한 제물인가? 거미가 자신의 모습인지 거미에게 완전히 빨아 먹힌 다른 곤충의 모습인지, 어쨌든 그것은 모든 것을 아깝지 않게 다 주었다기보다 다 빼앗기고 먹혀버린 형태에 비유된 것이기에 매우 참혹하다.

그렇지만 비유에도 강조법이 있는 것이기에 작자는 그만큼 절실하게 이를 통해서 하고 싶은 푸념을 토해내고 있는 것 같다.

나의 꽃밭에도 겨울이 왔다
칙칙하고 초라하게
늙어버린 그림자
허전한 안개 빛 아픔을 토해내는
어둠만 길게 누워 졸고 있다.
— 「마지막 갈피」 일부

여기서는 '늙어 버린 그림자'라고 직설적인 표현을 쓰면서 '어둠만 길게 누워 졸고 있다'고 감상에 젖어 있다. 다른 작품들도 매우 많이 이 같은 노을빛 인생론으로 기울어지고 있다. 〈무지갯빛 그리움〉 〈석양〉 〈흔들리는 마음〉 〈가을비 속에서〉 〈살아 온 길〉 〈국화〉 〈질경이〉 〈아픔〉 〈울어 버린 계절〉 〈풍랑〉 〈노파〉 등으로 이어진 작품들은 거의 모두 노을빛 하늘을 바라보고 걷는 나그네의 센티멘탈리즘이 농후하다. 그리고 이것이 일반적으로 자연을 소재로 하고 그 속에 자신을 투영시키며 들여다보는 자화상의 형태들이다.

윤동주의 〈자화상〉에서는 '산모퉁이를 돌아 논 가 외딴 우물을 홀로 찾아가선 가만히' 그 속을 들여다보며 거기서 자기 모습을 보게 되는 자화상이 나타난다. 그리고 그 사나이가 미워져서 돌아갔다가 다시 와서 들여다본다. 이번에는 그 사나이가 가엾어진다. 그리고 돌아갔다가 다시 와서 보니 그 사나이가 다시 미워지고, 그래서 돌아갔다가 다시 와서 보니 이번에는 그 사나이가 그리워진다.

윤동주의 경우에는 이렇게 우물을 들여다보며 자화상을 그리고 있고 나이현은 많은 형태의 자연을 바라보며 자화상을 그리고 있다. 우물만 거울처럼 자신의 모습을 보여주는 것이 아니라 하늘도 구름도 가을비도 국화도 질경이도 모두 거울이 된다.

그런데 윤동주가 본 거울과 나이현이 본 거울은 다르지만 공통점이 있다. 미움과 연민과 그리움이 공통적이다. 모든 것을 다 내 주면서 빈 껍질이 되고 마른 잎이 되어 버린 자신의 모습은 아름답지 못하다. 젊음이 다 사라져 버리고 지쳐 버린 자신의 모습은 화장을 아무리 해도 옛 같지 않고 미운 얼굴이다. 그렇지만 독자는 이 자화상을 보면서 연민을 갖게 된다. 작자 자신도 그럴 것이다. 그 얼굴은 너무도 깊은 사랑과 희생의 결과이기 때문이며 그것이 한 여성이 엄마로서 또는 한 남자의 아내로서 스스로 선택해 왔던 운명이기 때문이다. 그리고 그렇게 긴 세월 동

안 모든 것을 다 내주며 시들어 간다지만 지난날의 모든 것은 그리움이다. 흘러간 세월이 있고 그것은 다시 돌아 올 수 없는 영원한 과거이기 때문에 그리울 수밖에 없다.

윤동주의 미움과 연민과 그리움과는 사정이 다르지만 이런 정서는 자연을 소재로 삼아서 성숙하고 세련된 언어 감각으로 화선지에 아름답게 담아나간 그림이기 때문에 한결 가슴에 다가오는 호소력이 강하다. 다만 〈갈대〉의 경우처럼 '모진 바람 불어도 온몸으로 막아서서/ 물새 둥지를 지켜내는 갈대이고 싶다'고 한 삶의 의지와 철학으로 좀 더 자신을 달래보는 많은 작품을 만나고 싶다. 한 여성이며 엄마가 아니라도 인생은 어차피 누구나 스스로 달래가며 살 수밖에 없는 것이고 창작행위도 그런 자기구원(Self salvaion)의 방법이며 문학은 또 다른 많은 독자를 위한 구원과 위로의 선물이니까.

| 저자 후기 |

사랑이 메아리 칠 때

— 가족에게

내게 울 밖은 없었다.

햇살 뒤에서 춥기만 하던 삶의 뒤안길. 가슴 바닥을 울리는 볼 수 없는 심금 소리는 메아리 되어 떠도는 그림자를 만들었다.

부족한 글들을 아름다운 옷을 입혀 책으로 엮어주니 고맙구나. 너희들이 있기에 시린 아픔이 가슴 개울에 젖어도 번쩍이는 천둥의 무게만큼 붉은 여울을 달랠 수 있었으니 이제 하늘의 깊이를 심는 마무리를 하려한다.

정신과 원장답게 인자한 웃음으로 마음에 상처를 감싸주는 아들 김종현. 조용히 다가와 가슴을 울려주던 위로의 말들 잊지 않으마.

잔잔한 마음이 눈물을 말리며 빈자리를 채워주는 큰딸 김정진. 내가 한국수출보험공사에 다닐 무렵 류마티스가 처음 시작되어 꼼짝도 할 수 없이 많이 아플 때 눈물 젖어 헤매며 치료법을 찾아준 효심이 오늘을 만들었다.

난꽃 같은 청초함이 눈빛과 가슴으로 말하며 많은 웃음을 주는 막내딸 김리진. 동시통역사 딸 덕분에 한가롭게 즐길 수 있었던 파리 여행길. 영원한 추억으로 간직하마.

큰 직책을 맡은 이사로 어느 곳에 있어도 많은 사람의 그늘이 되어주는 큰사위 승운배. 늘 형제에 우애를 생각하며 화목에 그릇이 되어주니 고맙구나.

대표원장으로 성실이 환자를 보살피며 가족에 소중함을 담아내는 막내사위 정원재. 주치의로 튼튼이 건강을 챙겨주는 마음 잊지 않으리.

하나밖에 없는 종손 며느리 이선재. 건반 위 고운 손 내려놓고 한 가문에 의연히 뿌리를 내리며 제 할일을 찾아가는 모습이 아름답다.

그리고 삶의 의미를 찾게 해주는 소중한 손주 손녀들 승성호 김우일 김혜선 정지윤 정채윤. 내 가슴에 영원히 담으려 큰 소리로 새겨본다. 지덕체를 갖춘 큰 재목이 되길 소망하면서…….

이름표 꼬리가 얼마 남지 않았구나. 태어나 큰 보석들을 얻었으니 어찌 남은 길이 어두우리…… 부디 지금 모습 그대로 서로에게 우산이 되어 주며 고운 그림 그려가길 부탁한다.

강인한 성격이 많이 힘들게 했지만 방랑 같은 인생길 버팀목이 되어준 영원한 동반자 김용수씨. 고맙다는 말은 하지 않겠소. 사랑하니까…….

잔잔한 호숫가에 곱게 물든 구름 사이를 거니는 저녁노을 외롭지 않다.

(저자 나이현)

들국화 향기 속에

나이현 시집

발 행 일 | 2013년 2월 8일
지 은 이 | 나이현
발 행 인 | 李憲錫
발 행 처 | 오늘의문학사
출판등록 | 제55호(1993년 6월 23일)
주 소 | 대전 동구 삼성1동 125-6 한밭오피스텔 401호
전화번호 | (042)624-2980
팩시밀리 | (042)628-2983
홈페이지 | http://www.lito77.co.kr(홈페이지)
전자우편 | hs2980@hanmail.net

공 급 처 | 한국출판협동조합
주문전화 | (070)7119-1741~2
팩시밀리 | (031)944-8234~6

ISBN 978-89-5669-539-6
값 10,000원